55402954R00062

Made in the USA
Columbia, SC
13 April 2019